Impressum
Verlag: BABADADA GmbH, Nedderfeld 112 , 22529 Hamburg
Geschäftsführer / Verlagsleitung: Harald Hof
Druck: Books on Demand GmbH, In de Tarpen 42, 22848 Norderstedt

Imprint
Publisher: BABADADA GmbH, Nedderfeld 112 , 22529 Hamburg, Germany
Managing Director / Publishing direction: Harald Hof
Print: Books on Demand GmbH, In de Tarpen 42, 22848 Norderstedt

除
dividir

786/2

黑板
el pizarrón

教室
el aula

校园
el patio de la escuela

老师
el maestro

纸
el papel

书写
escribir

钢笔
la birome

办公桌
el escritorio

直尺
la regla

书
el libro

学生
el alumno

书包
la mochila

铅笔盒
la caja de lápices

铅笔
el lápiz

卷笔刀
el sacapuntas

橡皮擦
la goma (de borrar)

画板
el bloc de dibujo

图画
el dibujo

画笔
el pincel

颜料盒
la caja de pinturas

剪刀
la tijera

胶水
el pegamento

练习册
el cuaderno de ejercicios

家庭作业
la tarea

数字
el número

加
sumar

减
restar

乘
multiplicar

计算
calcular

字母
la letra

字母表
el abecedario

字
la palabra

课文

el texto

读

leer

粉笔

la tiza

上课

la lección

登记

el cuaderno de clase

考试

el examen

证书

el certificado

校服

el uniforme escolar

教育

la educación

百科全书

la enciclopedia

大学

la universidad

显微镜

el microscopio

地图

el mapa

废纸筐

el tacho (de basura)

酒店
el hotel

青年旅社
el hostel

外币兑换处
la casa de cambio

手提箱
la valija

汽车
el auto

语言
el idioma

是/否
sí / no

好的
Está bien

您好
hola

翻译员
el traductor

谢谢
Gracias

……多少钱？

¿cuánto cuesta…?

我不明白

No entiendo

问题

el problema

晚上好！

¡Buenas tardes!

早上好！

¡Buenos días!

晚安！

¡Buenas noches!

再见

el adiós

方向

la dirección

行李

el equipaje

包

el bolso

双肩包

la mochila

客人

el invitado

房间

la habitación

睡袋

la bolsa de dormir

帐篷

la carpa

旅游信息

la información turística

海滩

la playa

信用卡

la tarjeta de crédito

早餐

el desayuno

午餐

el almuerzo

晚餐

la cena

票

el pasaje

电梯

el ascensor

邮票

el sello

边界

la frontera

海关

la aduana

大使馆

la embajada

签证

la visa

护照

el pasaporte

el transporte

飞机
el avión

船
el barco

消防车
la autobomba

公交车
el colectivo

卡车
el camión

自行车
la bicicleta

汽艇
la lancha a motor

汽车
el auto

摆渡船
el ferry

小船
el bote

摩托车
la moto

警车
el patrullero

赛车
el auto de carreras

租车
el auto de alquiler

拼车

el alquiler de autos

拖车

la grúa

垃圾车

el camión de la basura

发动机

el motor

汽油

la nafta

加油站

la estación de servicio

交通标志

la señal de tránsito

交通

el tránsito

交通堵塞

el embotellamiento

停车场

el estacionamiento

火车站

la estación de tren

轨道

las vías

火车

el tren

电车

el tranvía

货车

el vagón

交通运输 - el transporte

直升机
el helicóptero

机场
el aeropuerto

塔
la torre

乘客
el pasajero

集装箱
el contenedor

纸板箱
la caja de cartón

手推车
la carretilla

篮子
la canasta

起飞/降落
despegar / aterrizar

城市
la ciudad

村庄
el pueblo

市中心
el centro de la ciudad

房子
la casa

电影院
el cine

广告
la publicidad

路灯
el farol

街道
la calle

出租车
el taxi

小吃店
el kiosco

行人
el peatón

人行道
la vereda

斑马线
el paso peatonal

圾箱
contenedor de basura

十字路口
el cruce

红绿灯
el semáforo

小屋
la cabaña

公寓
el departamento

火车站
la estación de tren

市政厅
la municipalidad

博物馆
el museo

学校
el colegio

大学
la universidad

银行
el banco

医院
el hospital

酒店
el hotel

药房
la farmacia

办公室
la oficina

书店
la librería

商店
el negocio

花店
la florería

超市
el supermercado

市场
el mercado

百货商店
las grandes tiendas

鱼店
la pescadería

购物中心
el centro comercial

海港
el puerto

公园

el parque

长凳

el banco

桥

el puente

楼梯

las escaleras

地铁

el subte

隧道

el túnel

公交车站

la parada del colectivo

酒吧

el bar

餐馆

el restaurante

邮筒

el buzón

路标

el letrero

停车计时器

el parquímetro

动物园

el zoológico

游泳馆

la pileta

清真寺

la mezquita

农场

la granja

污染

la contaminación

墓地

el cementerio

教堂

la iglesia

操场

los juegos infantiles

寺庙

el templo

地形

el paisaje

树叶
la hoja

指示牌
el poste indicador

路
el camino

草地
la pradera

石头
la piedra

树
el árbol

徒步旅行者
el excursionista

河
el río

草
la hierba

花
la flor

峡谷
el valle

山
la montaña

湖
el lago

森林
el bosque

沙漠
el desierto

火山
el volcán

城堡
el castillo

彩虹
el arco iris

蘑菇
el champiñón

棕榈树
la palmera

蚊子
el mosquito

苍蝇
la mosca

蚂蚁
la hormiga

蜜蜂
la abeja

蜘蛛
la araña

地形 - el paisaje

15

甲虫

el escarabajo

青蛙

la rana

松鼠

la ardilla

刺猬

el erizo

野兔

la liebre

猫头鹰

la lechuza

鸟

el pájaro

天鹅

el cisne

野猪

el jabalí

鹿

el ciervo

麋鹿

el alce

水坝

la presa

风力发电机

el aerogenerador

太阳能电池板

el panel solar

气候

el clima

地形 - el paisaje

服务员
el mozo

菜单
el menú

椅子
la silla

汤
la sopa

披萨饼
la pizza

餐具
los cubiertos

桌布
el mantel

前菜

la entrada

主菜

el plato principal

甜点

el postre

饮料

las bebidas

食物

la comida

瓶子

la botella

快餐

la comida rápida

街边小吃

la comida callejera

茶壶

la tetera

糖盒

la azucarera

一份饭菜

la porción

意式咖啡机

la cafetera expreso

高脚椅

la sillita alta

账单

la cuenta

托盘

la bandeja

刀

el cuchillo

餐叉

el tenedor

勺子

la cuchara

茶匙

la cucharita

餐巾

la servilleta

玻璃杯

el vaso

碟子
el plato

汤盘
el plato hondo

碟子
el plato

酱
la salsa

盐瓶
el salero

胡椒磨
el molinillo de pimienta

醋
el vinagre

食用油
el aceite

调味料
las especias

番茄酱
el kétchup

芥末
la mostaza

蛋黄酱
la mayonesa

特价
la oferta especial

顾客
el cliente

乳制品
los lácteos

购物车
el changuito

水果
la fruta

肉铺
la carnicería

面包房
la panadería

称重
pesar

蔬菜
las verduras

肉
la carne

冷冻食品
los alimentos congelados

冷盘
los fiambres

罐头食品
los alimentos enlatados

洗衣粉
el detergente en polvo

甜食
las golosinas

日用品
los electrodomésticos

清洁用品
los productos de limpieza

销售员
la vendedora

收银机
la caja

收银员
el cajero

购物清单
la lista de compras

开放时间
el horario de atención

钱包
la billetera

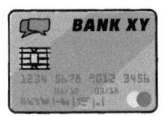

信用卡
la tarjeta de crédito

袋子
la cartera

塑料袋
la bolsa de plástico

水

el agua

果汁

el jugo

牛奶

la leche

可乐

la bebida cola

红酒

el vino

啤酒

la cerveza

酒

el alcohol

可可

el cacao

茶

el té

咖啡

el café

意式浓缩咖啡

el café expreso

卡布奇诺

el cappuccino

香蕉

la banana

苹果

la manzana

橙子

la naranja

西瓜

el melón

柠檬

el limón

胡萝卜

la zanahoria

大蒜

el ajo

竹子

el bambú

洋葱

la cebolla

蘑菇

el champiñón

坚果

las nueces

面条

los fideos

意大利面条

los tallarines

米饭

el arroz

沙拉

la ensalada

薯条

las papas fritas

炸土豆

las papas fritas

披萨饼

la pizza

汉堡包

la hamburguesa

三明治

el sándwich

炸猪排

el churrasco

火腿

el jamón

萨拉米

el salame

香肠

la salchicha

鸡肉

el pollo

烤肉

el asado

鱼

el pescado

燕麦片

los copos de avena

穆兹利

el muesli

玉米片

los copos de maíz

面粉

la harina

羊角面包

la medialuna

面包卷

el pancito

面包

el pan

烤面包

la tostada

饼干

las galletitas

黄油

la manteca

凝乳

la cuajada

蛋糕

la torta

蛋

el huevo

煎蛋

el huevo frito

奶酪

el queso

食物 - la comida

冰激凌

el helado

糖

el azúcar

蜂蜜

la miel

果酱

la mermelada

巧克力酱

la pasta de chocolate

咖喱饭

el curry

农舍
la granja

粮仓
el granero

稻草捆
el fardo de paja

马
el caballo

田野
el campo

拖车
el remolque

马驹
el potrillo

拖拉机
el tractor

驴
el burro

羔羊
el cordero

羊
la oveja

山羊

la cabra

奶牛

la vaca

牛犊

el ternero

猪

el cerdo

小猪

el lechón

公牛

el toro

鹅

el ganso

鸭

el pato

小鸡

el pollo

母鸡

la gallina

公鸡

el gallo

鼠

la rata

猫

el gato

老鼠

el ratón

牛

el buey

狗

el perro

狗屋

la cucha

花园浇水软管

la manguera

洒水壶

la regadera

长柄大镰刀

la guadaña

犁

el arado

镰刀

la hoz

锄头

la azada

长柄草耙

la horquilla

斧头

el hacha

独轮手推车

la carretilla

饲料槽

el abrevadero

牛奶罐

la lechera

麻布袋

la bolsa

栅栏

la reja

马厩

el establo

温室

el invernadero

土壤

el suelo

种子

la semilla

肥料

el fertilizador

联合收割机

la cosechadora

收割

cosechar

收割

la cosecha

山药

las batatas

小麦

el trigo

大豆

la soja

土豆

la papa

玉米

el maíz

油菜籽

la semilla de colza

果树

el árbol frutal

树薯

la mandioca

谷物

los cereales

烟囱
la chimenea

屋顶
el techo

落水管
el caño de desagüe

窗户
la ventana

车库
el garaje

门铃
el timbre

门
la puerta

垃圾桶
el tacho de basura

信箱
el buzón

花园
el jardín

客厅
el living

浴室
el baño

厨房
la cocina

卧室
el dormitorio

儿童房
el cuarto de los chicos

餐厅
el comedor

地板
el piso

墙壁
la pared

吊顶
el cielorraso

地窖
el sótano

桑拿
el sauna

阳台
el balcón

露台
la terraza

游泳池
la pileta

割草机
la cortadora de pasto

被单
la sábana

床罩
el acolchado

床
la cama

扫帚
la escoba

水桶
el balde

开关
el interruptor

壁纸
el empapelado

照片
la imagen

台灯
la lámpara

搁架
el estante

橱柜
el armario

电视机
la televisión

壁炉
la chimenea

花
la flor

垫子
el almohadón

沙发
el sofá

花瓶
el florero

遥控器
el control remoto

地毯

la alfombra

窗帘

la cortina

餐桌

la mesa

椅子

la silla

摇椅

la mecedora

扶手椅

el sillón

书

el libro

毯子

la frazada

装饰品

la decoración

木柴

la leña

电影

la película

高保真音响

el equipo de música

钥匙

la llave

报纸

el diario

油画

la pintura

海报

el póster

收音机

la radio

笔记本

el cuaderno

吸尘器

la aspiradora

仙人掌

el cactus

蜡烛

la vela

冰箱
la heladera

微波炉
el microondas

厨房秤
la balanza de cocina

洗洁精
el detergente

烤面包机
la tostadora

冰柜
el freezer

烤箱
el horno

垃圾桶
el tacho de basura

洗碗机
el lavaplatos

炊具

la cocina

锅

la olla

铸铁锅

la olla de hierro fundido

炒锅

el wok

平底锅

la sartén

水壶

la pava

蒸锅

la vaporera

烤盘

la bandeja de horno

陶瓷锅

la vajilla

马克杯

la taza

碗

el bol

筷子

los palitos

长柄勺

el cucharón

铲子

la espátula

搅拌器

la batidora

滤网

el colador

筛子

el colador

磨碎机

el rallador

研钵

el mortero

烧烤

la parrilla

明火

la fogata

菜板

la tabla de picar

擀面杖

el palo de amasar

开瓶器

el sacacorchos

罐子

la lata

开罐器

el abrelatas

隔热手套

la manopla

水槽

la pileta

刷子

el cepillo

海绵

la esponja

搅拌机

la batidora

冷藏箱

el congelador

奶瓶

la mamadera

水龙头

la canilla

淋浴
la ducha

供暖设备
la calefacción

毛巾
la toalla

浴帘
la cortina de la ducha

泡沫浴
el baño de espuma

浴缸
la bañadera

玻璃杯
el vaso

洗衣机
el lavarropas

瓷砖
las baldosas

水龙头
la canilla

便壶
la pelela

水槽
la pileta

厕所
el inodoro

蹲便器
la letrina

坐浴器
el bidé

小便池
el mingitorio

厕纸
el papel higiénico

马桶刷
el cepillo para el inodoro

牙刷
el cepillo de dientes

牙膏
el dentífrico

牙线
el hilo dental

洗
lavar

手持式喷淋头
la ducha de mano

冲洗器
la ducha higiénica

洗脸盆
la palangana

擦背刷
el cepillo para la espalda

肥皂
el jabón

沐浴露
el gel de ducha

洗发水
el shampoo

法兰绒
la toallita

排水
el desagüe

乳霜
la crema

除臭剂
el desodorante

镜子

el espejo

手镜

el espejito

剃须刀

la maquinita de afeitar

剃须泡沫

la espuma de afeitar

须后水

el aftershave

梳子

el peine

刷子

el cepillo

吹风机

el secador de pelo

喷发定型剂

el spray

化妆品

el maquillaje

唇膏

el lápiz de labios

指甲油

el esmalte para uñas

化妆棉

el algodón

指甲剪

la tijera para uñas

香水

el perfume

洗漱包

el portacosméticos

凳子

la banqueta

计重秤

la balanza

浴袍

la bata

橡胶手套

los guantes de goma

卫生棉条

el tampón

卫生巾

la toallita femenina

化学厕所

el baño químico

闹钟
el despertador

毛绒玩具
el peluche

玩具车
el coche de juguete

玩具屋
la casa de muñecas

拨浪鼓
el sonajero

礼物
el regalo

气球
el globo

床
la cama

（洋娃娃用）婴儿车
el cochecito

扑克牌
las cartas

拼图
el rompecabezas

漫画
la historieta

乐高积木

las piezas de lego

积木玩具

los ladrillos de juguete

玩具人

la figura de acción

婴儿服

el enterito (de bebé)

飞盘

el frisbee

床铃玩具

el móvil para bebés

棋盘游戏

el juego de mesa

骰子

los dados

火车模型

el tren eléctrico

安抚奶嘴

el chupete

聚会

la fiesta

绘本

el libro de cuentos ilustrado

球

la pelota

洋娃娃

la muñeca

玩

jugar

沙坑

el arenero

秋千

la hamaca

玩具

los juguetes

游戏机

la consola de videojuegos

三轮车

el triciclo

泰迪熊

el osito de peluche

衣柜

el armario

衣服

la ropa

袜子

las medias

长袜

las medias panty

紧身裤

las calzas

围巾
la bufanda

雨伞
el paraguas

T恤
la remera

皮带
el cinturón

靴子
las botas

拖鞋
las pantuflas

运动鞋
las zapatillas

凉鞋
las sandalias

鞋
los zapatos

雨靴
las botas de goma

内裤
la ropa interior

胸罩
el corpiño

背心
el chaleco

衣服 - la ropa

45

身体

el body

裤子

los pantalones

牛仔裤

los jeans

短裙

la pollera

女式衬衫

la blusa

衬衫

la camisa

套头衫

el pulóver

卫衣

el buzo

西装夹克

el blazer

夹克

la campera

外套

el tapado

雨衣

el piloto

套装

el traje

连衣裙

el vestido

婚纱

el vestido de novia

西装

el traje

睡袍

el camisón

睡衣

el pijama

莎丽

el sari

头巾

el pañuelo para la cabeza

包头巾

el turbante

波卡

la burka

卡夫坦

el caftán

(阿拉伯式)长袍长袍

la abaya

泳衣

el traje de baño

男式泳裤

el short de baño

短裤

los shorts

运动服

el jogging

围裙

el delantal

手套

los guantes

纽扣

el botón

眼镜

los anteojos

手链

la pulsera

项链

el collar

戒指

el anillo

耳环

el aro

便帽

la gorra

衣架

la percha

帽子

el sombrero

领带

la corbata

拉链

el cierre

头盔

el casco

背带

los tiradores

校服

el uniforme escolar

制服

el uniforme

围兜

el babero

安抚奶嘴

el chupete

尿不湿

el pañal

服务器
el servidor

文件柜
el archivero

打印机
la impresora

显示屏
el monitor

纸
el papel

鼠标
el mouse

办公桌
el escritorio

文件夹
la carpeta

键盘
el teclado

废纸篓
el tacho (de basura)

电脑
la computadora

椅子
la silla

咖啡杯

la taza de café

计算器

la calculadora

因特网

el internet

笔记本电脑
la laptop

信件
la carta

消息
el mensaje

手机
el celular

网络
la red

复印机
la fotocopiadora

软件
el software

电话
el teléfono

插座
el tomacorriente

传真机
el fax

表格
el formulario

文件
el documento

买
comprar

付钱
pagar

交易
hacer negocios

现金
el dinero

美元
el dólar

欧元
el euro

日元
el yen

卢布
el rublo

瑞士法郎
el franco suizo

人民币
el yuan

卢比
la rupia

提款处
el cajero automático

外币兑换处
la casa de cambio

金
el oro

银
la plata

石油
el petróleo

能源
la energía

价格
el precio

合同
el contrato

税金
el impuesto

股票
la acción

工作
trabajar

职员
el empleado

老板
el empleador

工厂
la fábrica

商店
el negocio

警官
el policía

消防员
el bombero

飞行员
el piloto

医生
el médico

厨师
el cocinero

园丁

el jardinero

木匠

el carpintero

裁缝

la modista

法官

el juez

化学家

el farmacéutico

演员

el actor

公交车司机

el colectivero

出租车司机

el taxista

渔夫

el pescador

清洁女工

la mucama

屋顶工

el techista

服务员

el mozo

猎人

el cazador

画家

el pintor

面包师

el panadero

电工

el electricista

建筑工人

el albañil

工程师

el ingeniero

屠夫

el carnicero

水管工

el plomero

邮递员

el cartero

士兵
el soldado

建筑师
el arquitecto

收银员
el cajero

花农
el florista

理发师
el peluquero

售票员
el cobrador

机械师
el mecánico

船长
el capitán

牙医
el dentista

科学家
el científico

拉比
el rabino

伊玛目
el imán

和尚
el monje

牧师
el sacerdote

工具

las herramientas

铁锤
el martillo

钳子
la tenaza

螺丝刀
el destornillador

扳手
la llave

手电筒
la linterna

挖掘机

la excavadora

工具箱

la caja de herramientas

梯子

la escalera portátil

锯子

la sierra

钉子

los clavos

钻机

el taladro

修
....
arreglar

铲子
....
la pala de jardín

靠！
....
¡Qué bronca!

簸箕
....
la pala de plástico

油漆桶
....
el tacho de pintura

螺丝
....
los tornillos

乐器

los instrumentos musicales

打击乐器
la batería

扬声器
el parlante

吉他
la guitarra

低音提琴
el contrabajo

小号
la trompeta

钢琴

el piano

小提琴

el violín

贝斯

el bajo

定音鼓

los timbales

鼓

el tambor

电子琴

el teclado

萨克斯管

el saxofón

长笛

la flauta

麦克风

el micrófono

ZOO

入口
la entrada

老虎
el tigre

笼子
la jaula

斑马
la cebra

动物饲料
el alimento para animales

熊猫
el oso panda

动物

los animales

大象

el elefante

袋鼠

el canguro

犀牛

el rinoceronte

大猩猩

el gorila

熊

el oso

骆驼

el camello

鸵鸟

el avestruz

狮子

el león

猴子

el mono

火烈鸟

el flamenco

鹦鹉

el loro

北极熊

el oso polar

企鹅

el pingüino

鲨鱼

el tiburón

孔雀

el pavo real

蛇

la serpiente

鳄鱼

el cocodrilo

动物园管理员

el cuidador del zoológico

海豹

la foca

美洲豹

el jaguar

矮种马
el poni

豹
el leopardo

河马
el hipopótamo

长颈鹿
la jirafa

老鹰
el águila

野猪
el jabalí

鱼
el pescado

龟
la tortuga

海象
la morsa

狐狸
el zorro

羚羊
la gacela

橄榄球
el fútbol americano

骑自行车
el ciclismo

网球
el tenis

篮球
el básquet

游泳
la natación

拳击
el boxeo

冰球
el hockey sobre hielo

英式足球
el fútbol

羽毛球
el bádminton

田径
el atletismo

手球
el handball

滑雪
el esquí

马球
el polo

笑
reír

跳
saltar

拥抱
abrazar

走路
caminar

唱
cantar

做梦
soñar

祈祷
rezar

亲吻
besar

书写
escribir

画
dibujar

展示
mostrar

推
presionar

给
dar

拿
tomar

有
tener

做
hacer

当
ser

站
estar parado

跑
correr

拉
tirar

扔
tirar

摔倒
caer

躺
estar acostado

等待
esperar

携带
llevar

坐
estar sentado

穿衣
vestirse

睡觉
dormir

醒来
despertar

看
mirar

哭
llorar

抚摸
acariciar

梳头
peinar

交谈
hablar

明白
entender

问
preguntar

听
escuchar

喝
beber

吃
comer

清理
ordenar

爱
amar

做饭
cocinar

开车
manejar

飞
volar

航行

navegar

计算

calcular

读

leer

学习

aprender

工作

trabajar

结婚

casarse

缝

coser

刷牙

cepillarse los dientes

杀

matar

抽烟

fumar

寄

enviar

祖母
la abuela

祖父
el abuelo

父亲
el padre

母亲
la madre

婴童
el bebé

女儿
la hija

儿子
el hijo

客人

el invitado

阿姨

la tía

叔叔

el tío

兄弟

el hermano

姐妹

la hermana

前额
la frente

眼睛
el ojo

肩膀
el hombro

手指
el dedo

脸
la cara

下巴
la pera

手
la mano

乳房
el pecho

腿
la pierna

手臂
el brazo

婴童

el bebé

男人

el hombre

女人

la mujer

女孩

la nena

男孩

el nene

头

la cabeza

背部

la espalda

肚子

la panza

肚脐

el ombligo

脚趾

el dedo del pie

脚后跟

el talón

骨头

el hueso

臀部

la cadera

膝盖

la rodilla

手肘

el codo

鼻子

la nariz

屁股

la cola

皮肤

la piel

脸颊

el cachete

耳朵

la oreja

嘴唇

el labio

身体 - el cuerpo

嘴
la boca

牙齿
el diente

舌头
la lengua

脑
el cerebro

心脏
el corazón

肌肉
el músculo

肺
el pulmón

肝脏
el hígado

胃
el estómago

肾脏
los riñones

性交
el sexo

避孕套
el preservativo

卵子
el óvulo

精子
el semen

怀孕
el embarazo

月经

la menstruación

阴道

la vagina

阴茎

el pene

眉毛

la ceja

头发

el pelo

脖子

el cuello

医院
el hospital

医院
el hospital

救护车
la ambulancia

轮椅
la silla de ruedas

骨折
la fractura

医生

el médico

急诊室

la sala de guardia

护士

la enfermera

紧急情况

la emergencia

昏迷

inconsciente

痛

el dolor

受伤
la lesión

出血
la hemorragia

心脏病发作
el infarto

中风
el ACV

过敏
la alergia

咳嗽
la tos

发烧
la fiebre

流感
la gripe

腹泻
la diarrea

头痛
el dolor de cabeza

癌症
el cáncer

糖尿病
la diabetes

外科医生
el cirujano

手术刀
el bisturí

手术
la operación

CT

la TC

X光

los rayos x

超声波

la ecografía

口罩

el barbijo

疾病

la enfermedad

候诊室

la sala de espera

拐杖

la muleta

石膏

la curita

绷带

la venda

注射

la inyección

听诊器

el estetoscopio

担架

la camilla

体温计

el termómetro

出生

el nacimiento

超重

el sobrepeso

74   医院 - el hospital

助听器

el audífono

消毒液

el desinfectante

感染

la infección

病毒

el virus

艾滋病

el VIH / SIDA

药物

el remedio

接种疫苗

la vacunación

药片

los comprimidos

药丸

la pastilla anticonceptiva

急救电话

a llamada de emergencia

血压计

el tensiómetro

生病/健康

enfermo / sano

救命！

¡Ayuda!

警报

la alarma

突击

la agresión

攻击

el ataque

危险

el peligro

紧急出口

la salida de emergencia

着火啦！

¡Fuego!

灭火器

el matafuego

意外

el accidente

急救箱

el botiquín de primeros
auxilios

呼救信号

el SOS

警察

la policía

欧洲

Europa

北美洲

América del Norte

南美洲

América del Sur

非洲

África

亚洲

Asia

澳洲

Australia

大西洋

el Atlántico

太平洋

el Pacífico

印度洋

el Océano Índico

南冰洋

el Océano Antártico

北冰洋

el Océano Ártico

北极

el polo norte

南极

el polo sur

南极洲

la Antártida

地球

la Tierra

陆地

la tierra

海

el mar

岛

la isla

国家

la nación

国家

el estado

钟面

la esfera

时针

la manecilla de las horas

分针

el minutero

秒针

el segundero

现在几点？

¿Qué hora es?

天

el día

时间

la hora

现在

ahora

电子表

el reloj digital

分

el minuto

时

la hora

la semana

周一 lunes

周三 miércoles

周五 viernes

周二 martes

周四 jueves

周六 sábado

周日 domingo

昨天
....
ayer

今天
....
hoy

明天
....
mañana

早晨
....
la mañana

中午
....
el mediodía

晚上
....
la tarde

MO	TU	WE	TH	FR	SA	SU
1	2	3	4	5	6	7
8	9	10	11	12	13	14
15	16	17	18	19	20	21
22	23	24	25	26	27	28
29	30	31	1	2	3	4

工作日
....
los días hábiles

MO	TU	WE	TH	FR	SA	SU
1	2	3	4	5	6	7
8	9	10	11	12	13	14
15	16	17	18	19	20	21
22	23	24	25	26	27	28
29	30	31	1	2	3	4

周末
....
el fin de semana

雨
la lluvia

彩虹
el arco iris

雪
la nieve

风
el viento

春
la primavera

秋
el otoño

夏
el verano

冬
el invierno

天气预报

pronóstico meteorológico

温度计

el termómetro

阳光

la luz del sol

云

la nube

雾

la niebla

潮湿

la humedad

闪电

el rayo

打雷

el trueno

风暴

la tormenta

冰雹

el granizo

季风

el monzón

洪水

la inundación

冰

el hielo

一月

enero

二月

febrero

三月

marzo

四月

abril

五月

mayo

六月

junio

七月

julio

八月

agosto

九月
septiembre

十月
octubre

十一月
noviembre

十二月
diciembre

形状
las formas

圆形
el círculo

正方形
el cuadrado

长方形
el rectángulo

三角形
el triángulo

球体
la esfera

立方体
el cubo

白
....
blanco

黄
....
amarillo

橙
....
naranja

粉
....
rosa

红
....
rojo

紫
....
violeta

蓝
....
azul

绿
....
verde

棕
....
marrón

灰
....
gris

黑
....
negro

很多/少许

mucho / poco

生气/平静

enojado / tranquilo

美/丑

lindo / feo

首/尾

el principio / el fin

大/小

grande / chico

明/暗

claro / oscuro

兄弟/姐妹

el hermano / la hermana

干净/肮脏

limpio / sucio

完整/缺失

completo / incompleto

白天/晚上

el día / la noche

死/生

muerto / vivo

宽/窄

ancho / angosto

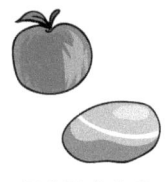

可食用/非食用

comestible / no comestible

邪恶/善良

malo / amable

兴奋/无聊

entusiasmado / aburrido

胖/瘦

gordo / flaco

第一/最后

primero / último

朋友/敌人

el amigo / el enemigo

满/空

lleno / vacío

硬/软

duro / blando

重/轻

pesado / liviano

饿/渴

el hambre / la sed

生病/健康

enfermo / sano

非法/合法

ilegal / legal

聪明/愚笨

inteligente / estúpido

左/右

izquierda / derecha

近/远

cerca / lejos

新/旧
nuevo / usado

没有/有些
nada / algo

老/幼
viejo / joven

开/关
encendido / apagado

打开/合上
abierto / cerrado

安静/吵闹
silencioso / ruidoso

富/穷
rico / pobre

对/错
correcto / incorrecto

粗糙/光滑
áspero / suave

伤心/高兴
triste / contento

短/长
corto / largo

慢/快
lento / rápido

湿/干
mojado / seco

温暖/凉爽
caliente / frío

战争/和平
guerra / paz

0

零

cero

1

一

uno

2

二

dos

3

三

tres

4

四

cuatro

5

五

cinco

6

六

seis

7

七

siete

8

八

ocho

9

九

nueve

10

十

diez

11

十一

once

12

十二
doce

13

十三
trece

14

十四
catorce

15

十五
quince

16

十六
dieciséis

17

十七
diecisiete

18

十八
dieciocho

19

十九
diecinueve

20

二十
veinte

100

百
cien

1.000

千
mil

1.000.000

百万
el millón

英语
el inglés

美式英语
el inglés americano

普通话
el chino mandarín

印地语
el hindi

西班牙语
el español

法语
el francés

阿拉伯语
el árabe

俄语
el ruso

葡萄牙语
el portugués

孟加拉语
el bengalí

德语
el alemán

日语
el japonés

我

yo

你

vos

他/她/它

él / ella

我们

nosotros

你们

ustedes

他们

ellos

谁？

¿quién?

什么？

¿qué?

怎样？

¿cómo?

哪里？

¿dónde?

什么时候？

¿cuándo?

名字

el nombre

后面

detrás

里面

en

前面

adelante de

上方

por encima de

上面

sobre

下面

debajo de

旁边

al lado de

中间

entre

地点

el lugar